Wieviel kostet dein Schmerz?

Was der Verletzte über das Schmerzensgeld wissen muß

von Dr. med. Carl Bruno Bloemertz
Facharzt für Chirurgie – Unfallarzt
Wuppertal

1971
Walter de Gruyter · Berlin · New York

ISBN 3 11 003935 4

 – Satz und Druck: Saladruck, 1 Berlin 36. – Umschlag-Entwurf: Rudolf Hübler, 1 Berlin 19.

Inhalt

1. Wieviel kostet dein Schmerz?

Die Frage „Wieviel kostet dein Schmerz?" stellen sich in Deutschland jährlich nahezu 500 000 Unfallverletzte des Straßenverkehrs und darüber hinaus ungezählte sonstwie verletzte Menschen, die einen Anspruch auf Entschädigung ihrer Schmerzen haben.

Die Antwort auf diese Frage wird heutzutage in der Presse oft diskutiert. Es werden Vergleiche mit Summen angestellt, die in anderen Ländern gezahlt werden. Sie lassen deutsche Verletzte oft vor Neid erblassen. Denn – so liest man häufig – in Deutschland sei das „Schmerzensgeld ein Schmerzenskind". Die Institutionen, die mit der Bemessung des Schmerzensgeldes zu tun haben, sind sicherlich in keiner glücklichen Lage, denn es ist nicht einfach, einen nicht meßbaren Schmerz auf Mark und Pfennig zu berechnen. Dennoch gibt es Maßstäbe, die eine gerechte Bemessung zulassen.

In der heutigen Zeit, in der die Öffentlichkeit durch die modernen Aufklärungsmittel der Presse, des Rundfunks und des Fernsehens auf vielen Gebieten mit Fachwissen vertraut gemacht wird, das bisher für sie kaum zugänglich war, sollten populärwissenschaftliche Schriften ganz besonders dort belehren, wo der Einzelmensch unmittelbar betroffen wird.

Die vorliegende Schrift soll dem Verletzten zeigen, daß der wichtigste Faktor für die Bemessung des Schmerzensgeldes tatsächlich der erlittene Schmerz ist. Das Schmerzensgeld ist ein Rechtsanspruch und braucht nicht erbettelt zu werden. Die Höhe des Schmerzensgeldes hängt auch nicht von einem Wohlwollen ab, auch nicht von einer völligen Ermessensfreiheit des Richters, sondern in erster Linie von den durchgemachten körperlichen und seelischen Schmerzen. Dabei muß auch der Richter das Schmerzensgeld so bemessen, daß es erkennbar in einem angemessenen Verhältnis zu der Schwere des Schadens steht. Die Rechtsprechung der jüngsten Zeit läßt eindeutig erkennen, daß die deutschen Richter sich dieser bedeutungsvollen Aufgabe bewußt sind. Der Richter aber ist nur dann in der Lage, den vollen Umfang des Schadens zu überblicken, wenn der ärztliche Gutachter die Unfallfolgen plastisch und anschaulich schildert. Die laienhafte Abschätzung eines Körperschadens durch den Nichtmediziner sollte der Vergangenheit angehören, und es liegt am Verletzten selbst, ob er zum eigenen Nutzen — zur Erlangung eines gerechten und angemessenen Schmerzensgeldbetrages — die ihm angebotenen Hilfen, die das ärztliche Gutachten darstellt, verwendet.

Die rein juristischen Kenntnisse sind dabei für den Verletzten nicht so sehr erforderlich, denn dafür hat er seinen Anwalt. Wichtig aber ist es für ihn zu wissen, welche Schritte er unternehmen kann, um seinen Anspruch rasch und umfassend geltend zu machen.

In der täglichen Unfallpraxis zeigt sich immer wieder, wie wenig informiert die Geschädigten sind. Viele wissen nicht einmal, daß ihnen ein Schmerzensgeld überhaupt zusteht. Den meisten Verletzten ist auch nicht klar, was unter dem Begriff „Schmerz", der durch das Schmerzensgeld entschädigt werden kann, zu verstehen ist.

Völlige Unkenntnis besteht — bis auf seltene Ausnahmen — darüber, in welch hohem und entscheidendem Maße der Arzt dabei mitwirkt.

Der Arzt allein ist dank seiner Ausbildung und seiner speziellen Erfahrung in der Lage und berechtigt, die erlittenen Schäden an Körper und Gesundheit zu behandeln und zu beurteilen. Er wird damit in seiner Eigenschaft als medizinischer Sachverständiger der Mittler zwischen dem Verletzten und den Gerichten, den Anwälten und den Versicherungen. Darüber hinaus wird der Arzt in solchen Fällen, in denen er den Verletzten behandelt hat, auch der sachverständige Zeuge für die erlittenen Schmerzen seines Patienten. Das ist natürlich von besonderer Bedeutung für die Darstellung und Bewertung der Körperschäden und die damit verbundenen seelischen und körperlichen Schmerzen.

Die Gesundheit, das körperliche, seelische und soziale Wohlbefinden – wie die Weltgesundheitsorganisation es ausdrückt – ist des Menschen höchstes Gut, und alle Schädigungen dieses Gutes „Gesundheit" gehören zu den wesentlichsten Eingriffen in das Leben des Menschen überhaupt.

Der Gesetzgeber schützt den Besitz der Gesundheit. Wird durch die Schuld eines Anderen die Gesundheit eines Mitmenschen geschädigt, so kann nach dem Gesetz (§ 847 des Bürgerlichen Gesetzbuches) auch für den nicht materiellen Schaden eine Entschädigung verlangt werden. Wer die Frage beantwortet haben will „Wieviel kostet Dein Schmerz?", der muß zunächst wissen, was unter dem Begriff des „Nicht-materiellen-Schadens" verstanden wird.

Diese Schrift geht in einem eigenen Kapitel auf diese Frage ein und zählt alles das auf, was zu diesem Begriff gehört. An einem Beispiel des alltäglichen Lebens wird dargestellt und erläutert, wie weit in Deutschland das Gesetz die Bezahlung von Schmerzen ermöglicht.

Der Arzt, der für die Wiederherstellung des Verletzten zu sorgen hat, muß ihm auch hier beistehen, denn auch die gerechte, angemessene Gewährung des Schmerzensgeldes, das für den Verlust von Lebensfreude gezahlt wird, stellt einen Ausgleich der Gesundheitsschädigung dar – deren Behebung das Anliegen des Arztes sein muß. Der Verletzte muß erkennen, daß der Arzt für seinen Körperschaden den Versicherungen gegenüber und auch vor Gericht nicht nur der Mittler, sondern die Zentralfigur ist.

Der Rechtsanwalt ist dabei der juristische Berater und Bevollmächtigte, der aber ohne die ärztliche Unterstützung nur selten auszukommen vermag, wenn er seinem Klienten in bestmöglicher Weise gerecht werden will. Nur der informierte Verletzte jedoch ist in der Lage, daraufhinzuwirken, daß auf jeden Fall ein „Schmerzensgeldgutachten" des ärztlichen Sachverständigen durch den Rechtsanwalt eingeholt wird, um dadurch den vollen Umfang des Körperschadens, der körperlichen und seelischen Schmerzen, sichtbar zu machen, denn nur dann, wenn das volle Ausmaß der Leiden dargestellt und bewiesen wird, können sie bei der Bemessung des Schmerzensgeldes berücksichtigt und bezahlt werden.

Um hierbei den Ärzten, Juristen und Versicherungen zu helfen, hat der Verfasser dieser Schrift für die Fachwelt in seinem Buch *„Die Schmerzensgeldbegutachtung"* (Verlag Walter de Gruyter, Berlin und New York, 3. Auflage 1971) auf wissenschaftlicher Basis praktische Richtlinien zur gerechten und angemessenen Entschädigung immaterieller Körperschäden erarbeitet. Als Arzt fühlt er sich verpflichtet, der Hauptperson des „Schmerzensgeldproblems" — dem Verletzten —, einen Einblick in die für ihn wichtigen Zusammenhänge zu ermöglichen. Damit sie sich ihm einprägen können, werden im Text besonders wesentliche Fakten mehrfach besprochen oder wiederholt. Die gewonnenen Erkenntnisse werden den Verletzten vor Verlusten, aber auch unnötigen Enttäuschungen bewahren, die seine seelischen Schmerzen nur vergrößern würden.

2. Der Unfall des Ewald K.

Am 3. Mai 1968 fährt der 39jährige *Ewald K.* mit seinem PKW von seiner Wohnung in G. morgens kurz nach 5 Uhr zur Arbeit.

Das Wetter ist prächtig, er ist gut ausgeschlafen und freut sich auf das Wochenende und auf das Fußballspiel seines Vereins, dessen Senioren-Mannschaft er angehört. Sonntags will er mit seiner Familie einen kleinen Ausflug in die schöne Umgebung machen und abends mit Freunden zu Hause etwas feiern. Seine Finanz- und Familienverhältnisse sind geordnet, und mit seiner Tätigkeit ist er auch zufrieden. Der Straßenverkehr ist zu dieser frühen Morgenstunde noch nicht erheblich. Einige Lastkraftwagen und Radfahrer sind unterwegs. Kurz vor A. verengt sich die Straße, da sie durch eine längere Brücke über die Gleisanlagen des Rangierbahnhofes geführt wird. Auf der Gegenfahrbahn kommt ihm ein langsam fahrender Traktor entgegen Der Abstand zwischen ihnen ist nur noch gering, als ein entgegenkommender, schnell fahrender Lastkraftwagen den Traktor noch überholen will. Um einen frontalen Zusammenstoß zu vermeiden, reißt *Ewald K.* das Steuer nach rechts herum und kommt hart an die Brückenbrüstung.

Entsetzt reißt er die Augen auf, als er die Gefahr auf sich zukommen sieht, und schon wird sein Wagen von dem LKW erfaßt und gegen das Brückengeländer gedrückt. Mit einem ohrenbetäubenden metallischen Gekreisch wird sein Wagen eingequetscht und verformt. Dann bleibt er durch den Anprall ruckartig stehen und *Ewald K.'s* Kopf wird mit Wucht durch die zersplitternde Windschutzscheibe getrieben. Trotzdem wird er nicht bewußtlos, lediglich benommen und spürt, wie sein linker Unterschenkel durch die tief eingedrückte Tür zerquetscht wird. Schmerzen überfluten ihn, die sich von seinem Brustkorb und beiden Beinen ausbreiten. Er ist in dem zusammengedrückten

Blechgehäuse seines Wagens eingequetscht und nicht in der Lage, sich daraus zu befreien. Jede Bewegung ruft neue Schmerzwellen hervor. Hinzu kommt eine nicht zu unterdrückende Angst, ja Entsetzen bei den sich überschlagenden Gedanken: „Was kommt jetzt noch? Wird der Tank explodieren? Bin ich ein Krüppel? Muß ich sterben?" – Dann überfällt ihn der Schock – der bei erheblichen Verletzungen stets eintritt – und läßt die Schmerzen vorübergehend kaum noch spüren.

Inzwischen sind Passanten herbeigeeilt, um ihn aus dem zertrümmerten Wagen zu befreien. Das gelingt erst, als der Krankenwagen der Feuerwehr erscheint und die erfahrenen Sanitäter die Bergung des Verletzten übernehmen. Trotzdem vergeht seit dem Zusammenprall und der Einlieferung in das nächste Krankenhaus eine ganze Stunde.

Im Krankenhaus

Um 6.20 Uhr früh liegt *Ewald K.* auf dem Röntgentisch. Der diensthabende Arzt verabreicht ihm eine schmerzlindernde Spritze und behandelt den Schock mit Infusionen (Einfließenlassen von Blutersatzflüssigkeiten durch eine dicke Kanüle in eine Armvene) und anderen Maßnahmen. Gleichzeitig stellt er die Unfallfolgen fest und legt den *Erstbefund* nieder. Dabei ergibt sich, daß *Ewald K.* schwerverletzt ist und folgende Körperschäden erlitten hat:

1. Das Nasenbein ist gebrochen, die Nase verbogen. Auf dem Nasenrücken befindet sich eine Platzwunde, und aus beiden Nasenöffnungen blutet es heftig.
2. Der linke Unterschenkel hat an der Vorderseite eine 14 cm lange Platzwunde, die breit klafft. Aus dieser Wunde ragt der gebrochene Schienbeinknochen weit heraus, der Unterschenkel ist abgeknickt. Die Knochenhaut und die Muskulatur sind an dieser Stelle teilweise zerfetzt. Ein Knochenstück ist zusätzlich aus dem Schienbein herausgebrochen. Das Röntgenbild bestä-

tigt die Befunde und zeigt auch einen Bruch des Wadenbeins, aus dem ein 6 cm langes Stück herausgebrochen ist und sich schräggestellt hat.

3. Das rechte Kniegelenk ist geschwollen. Jeder Bewegungsversuch ist äußerst schmerzhaft. Das Röntgenbild zeigt einen Oberschenkelbruch, der bis in das Kniegelenk hineinreicht.

4. Der rechte Fußrücken ist stark geschwollen, blutunterlaufen und druckschmerzhaft. Eine Knochenverletzung ist nicht nachweisbar.

5. Die Atmung ist stark erschwert und schmerzhaft. Über dem Brustbein Druckschmerz. Knochenreiben über den Rippen unten links hinten und seitlich und im linken Nierenlager. Im Urin ist Blut. Die Röntgenaufnahmen zeigen Rippenreihenbrüche.

6. Unterarmwunden links.

Kurz zusammengefaßt:

- Oberschenkelbruch rechts mit Kniegelenkbeteiligung,
- Offener Unterschenkelbruch links,
- Rippenbrüche links,
- Nierenquetschung links,
- Offener Nasenbeinbruch,
- Kopfprellung,
- Fußquetschung rechts,
- Unterarmwunden links,
- Schock.

Die Befunde werden sofort durch eine Schreibkraft fixiert, ohne daß dadurch die Operationsvorbereitungen und die übrigen medizinischen Maßnahmen gestört werden. Gleichzeitig werden die Verletzungen fotografiert, damit auch eine bildliche Dokumentation den Krankenpapieren beigefügt werden kann.

Operationen und weitere Behandlung

Inzwischen hat *Ewald K.* eine Narkose bekommen. Die Wunden werden ausgeschnitten und genäht. Danach wird der Unterschenkelbruch eingerichtet, durch Gipsschiene ruhiggestellt und auf einem Schienengestell hochgelagert. Durch das rechte Fersenbein wird ein Stahldraht gebohrt und an diesem eine Streckapparatur mit Gewichtsbelastung befestigt. Auch dieses Bein wird auf einer hohen Schiene fixiert. Der Nasenbeinbruch wird eingerichtet, die Nase wieder geradegestellt, die Wunde genäht.

Nach kurzer Zeit erwacht *Ewald K.* aus der Narkose und findet sich in einem Krankenzimmer wieder. Er liegt auf dem Rücken, beide Beine sind auf den Schienen befestigt, der rechte Arm ist ebenfalls auf einer Schiene festgewickelt und eine Blutersatzflüssigkeit tröpfelt in seine Armvene. Das Atmen fällt ihm schwer und ist nur durch den Mund möglich, der Brustkorb schmerzt bei jedem Atemzug. Die unbequeme und dauernde Rückenlage, die er nicht verändern kann, wird durch die Schmerzen in beiden Beinen erheblich unangenehmer, nahezu unerträglich – die Schwester muß ihm starke Schmerzlinderungsmittel verabreichen.

Jetzt kehrt auch die Erinnerung an die Geschehnisse zurück und der Schrecken bei dem Gedanken an das Erlebte in Verbindung mit der augenblicklichen Situation verbindet sich mit der leisen Hoffnung: Du bist davongekommen! Dann aber stürmen die Ängste und Sorgen wieder auf ihn ein: bin ich tatsächlich davongekommen? Werde ich es schaffen? Bleibe ich ein Krüppel? Verstärkt werden diese Ängste durch die Schmerzen, das Fieber und die Betäubungsmittel, die zwar die Schmerzen erträglicher machen, sie aber nicht ganz zum Schwinden bringen, dafür aber alles Geschehen verzerren und ihn phantasieren lassen.

So erlebt er die nächsten Tage in einem Widerstreit von Hoffnung und Hoffnungslosigkeit mit Schmerzen und Atemnot, unangenehmen, sogar schmerzhaften Behandlungsmaßnahmen, „gefesselt“ an die Schienenverbände und den Streckapparat.

Am 5. 5. 1968 muß eine Blutkonserve infundiert werden. Das Fieber und die Schmerzen nehmen zu. Penicillineinspritzungen folgen. *Ewald K.* ist in diesen Tagen besonders stark deprimiert, er spürt, daß eine Krisis bevorsteht: „werden es die Ärzte und mein Körper schaffen?"

Am 8. 5. 1968 wird eine Kniegelenkpunktion notwendig, da das Gelenk durch einen inneren Bluterguß erheblich angeschwollen und äußerst schmerzhaft ist. Der Blutfarbstoffspiegel sinkt stark ab, weitere Blutübertragungen werden notwendig.

Dann geht es langsam aufwärts, es scheint „geschafft" zu sein.

Am 31. 5. 1968 kann das linke Bein einen Rundgips erhalten, die Schiene wird entfernt, und am 5. 6. wird der Streckverband des rechten Beines beseitigt, die hohe Schiene durch einen Gipsverband ersetzt.

Am 11. 8. 1968 kann *Ewald K.* mit einem Gehgipsverband am linken Bein und einem elastischen Verband am rechten aus der stationären Behandlung entlassen werden.

Wieder zu Hause

Nun befindet sich *Ewald K.* wieder in seiner liebgewordenen, vertrauten, häuslichen Umgebung. Die Beschwerden und Behinderungen sind zwar noch erheblich, aber er sieht der endgültigen Genesung zuversichtlich entgegen.
Da der offene Unterschenkelstückbruch links nur langsam heilt, muß der Gipsverband – nach mehrfacher Erneuerung – noch bis zum 10. 1. 1969 liegen bleiben. Zwischenzeitlich werden zahlreiche Spritzen zur Besserung der Durchblutung gegeben und krankengymnastische Nachbehandlung ist noch bis Anfang Mai 1969 erforderlich.

Am 2. 5. 1969 wird die Behandlung abgeschlossen.

Ewald K. nimmt die Arbeit in seinem früheren Betrieb wieder auf, jedoch jetzt mit einer leichten sitzenden Tätigkeit im Magazin der Fabrik, denn erhebliche Unfallfolgen, die langes Stehen oder Gehen nicht erlauben, sind zurückgeblieben.

3. Wie kommt Ewald K. zu seinem Schmerzensgeld?

Seit dem verhängnisvollen 3. Mai 1968 bis zum Abschluß der Behandlung und dem Wiedereintritt ins Berufsleben ist ein ganzes Jahr vergangen – ein Jahr voller Schmerzen, Entbehrungen, Ängsten und Sorgen. Dieser 3. Mai hat seinem Leben eine andere Richtung gegeben. Aus dem gesunden und lebensfrohen Mann ist ein körperbehinderter Mensch geworden.

Der Unfall war ein Schicksalsschlag von erheblicher Bedeutung für das ganze weitere Leben des Verletzten und brachte neben den Schmerzen und Belastungen zahlreiche weitere Minderungen seiner Lebensfreude und auch dauernde, nicht mehr zu beseitigende körperliche und seelische Beeinträchtigungen mit sich.

Und *Ewald K.* fragt sich zu Recht: „Wer bezahlt meinen Schmerz? Wieviel kostet mein Schmerz? Wer vermag meinen Schmerz zu beurteilen? Ich habe schweres durchgemacht und eine lange Zeit auf die Annehmlichkeiten des Familienlebens und auf die Freude an meinen Hobbys verzichten müssen und werde auch in Zukunft stark behindert sein: jeder Schritt macht mir Beschwerden, und das Bewußtsein, nie mehr so gesund zu sein, wie vor dem Unfall, beeinträchtigt meine Lebensfreude und die Teilnahme an vielen Möglichkeiten, die das Leben einem gesunden Menschen zu bieten hat. In meinem Beruf verdiene ich nicht mehr soviel wie vor dem Unfall – dadurch fühle ich mit „minder"-wertiger und bin deprimiert."

Während sich die Ärzte um seine Heilung bemühten, lief mit dem Erscheinen der Polizei am Unfallort das polizeiliche Ermittlungsverfahren und später das gerichtliche Verfahren, aus dessen Ergebnis eindeutig hervorging, daß der Lastkraftfahrer durch verkehrswidriges Verhalten den schweren Zusammenstoß alleinschuldig verursacht hatte. Er wurde verurteilt.

4. Der Rechtsanwalt

Frau K. aber hat bereits einige Tage nach dem Unfall auf Anraten ihrer Familie einen Rechtsanwalt aufgesucht, dem sie im Auftrage ihres Mannes „den Fall“ überträgt.

Er erklärt *Frau K.* die Zusammenhänge:

„In Deutschland muß jeder Besitzer eines Kraftfahrzeuges eine *Haftpflichtversicherung* abschließen. Ohne diese Versicherung darf ein Kraftfahrzeug nicht gefahren werden. Von der Vorlage des Versicherungsscheins wird die Aushändigung der Zulassung durch das Straßenverkehrsamt abhängig gemacht.

Der Gesetzgeber hat diese Pflicht-Haftpflicht-Versicherung zur Auflage gemacht, da mit dem Betrieb von Kraftfahrzeugen besondere Gefahren für alle Verkehrsteilnehmer verbunden sind. Wie die Unfallstatistiken zeigen, sind diese Gefahren ungeheuer groß. Neben unzähligen Blechschäden gibt es in Deutschland jährlich fast eine halbe Million Körperverletzungen aller Schweregrade allein durch Kraftfahrzeugunfälle. Die dadurch entstehenden Schadensummen sind so hoch, daß der Schädiger in den meisten Fällen nicht in der Lage ist, sie zu bezahlen.

Der Verletzte bekäme bei unzureichender Zahlungsfähigkeit des Schädigers dann keinen oder nur einen unzureichenden Ersatz für den erlittenen Schaden. Außerdem würde in zahlreichen Fällen der Schädiger – müßte er alles aus der eigenen Tasche bezahlen – wirtschaftlich für sein ganzes Leben ruiniert sein.

Hier nun tritt die gesetzliche Haftpflichtversicherung ein und garantiert die Bezahlung für alle materiellen und immateriellen Schäden, die der Verletzte aus schuldhaftem Verhalten des Versicherten dieser Versicherung hinnehmen mußte.

Im Falle Ihres Mannes ist die Alleinschuld des LKW-Fahrers gerichtlich festgestellt.

Wir werden der Versicherung eine Aufstellung unserer Forderungen zusenden.

Da sind zunächst die Sachschäden:

- Die Kosten für den totalgeschädigten Wagen,
- Die Kosten für die zerrissene und verdorbene Kleidung,
- Die Krankenhaus- und Arztkosten (die von der Krankenkasse getragen und von dieser bei der Versicherung wieder zurückgefordert werden),
- Dasselbe gilt auch für die Lohnfortzahlung und später das Krankengeld, das der Betrieb und dann die Krankenkasse gezahlt haben; auf jeden Fall aber auch ein eventueller Unterschiedsbetrag zum vollen Lohn, der eingefordert werden kann.

Das alles aber sind nur die sogenannten materiellen Schäden. Daneben aber werden auch die immateriellen Schäden der Versicherung in Rechnung gestellt:

Das Schmerzensgeld

Das Schmerzensgeld wird für die erlittenen körperlichen und seelischen Schmerzen gezahlt, die durch die Körperschädigung ausgelöst wurden. Wir schreiben der Versicherung zunächst, daß wir ein angemessenes Schmerzensgeld fordern, die Höhe des Betrages jetzt aber noch nicht angeben können.

Erst dann, wenn feststeht, welcher Schaden zurückgeblieben ist, können wir unsere Forderung präzisieren.

Sobald Ihr Mann wieder arbeitsfähig ist, werde ich den behandelnden Arzt um Zusendung eines ärztlichen Attestes bitten, aus dem hervorgeht, welche Körperschäden durch den Unfall entstanden sind und welche heute noch bestehen."

Nachdem *Ewald K.* wieder arbeitsfähig geworden ist, bittet der Anwalt den behandelnden Arzt um das Attest, aus dem hervorgehen soll, welche Körperschäden der Verletzte durch den Unfall vom 3. 5. 1968 erlitten hat, insbesondere aber, welche Schmerzen er erdulden mußte und welche Behinderungen jetzt und für die Zukunft noch vorliegen.

5. Der Arzt

Der Arzt antwortet umgehend und erklärt, daß in diesem Falle so schwerwiegende und vielfache Verletzungen vorliegen, daß ein ausführliches Gutachten mit Schmerzensgeldgutachten angefertigt werden müsse.

Der Verletzte und der Rechtsanwalt willigen hierzu ein, und *Ewald K.* begibt sich am 19. 7. 1969 zwecks Begutachtungsuntersuchung zu seinem Arzt in die Sprechstunde.

Ewald K. und der Arzt kennen sich durch die lange Behandlung sehr gut und der Verletzte weiß, daß der Doktor alles das miterlebt hat, was er durch den Unfall erdulden mußte. Da er Vertrauen zu ihm hat, erkundigt er sich gleich zu Beginn der Untersuchung über einige ihm unklare Zusammenhänge, die das Schmerzensgeld betreffen:

„Stimmt es, daß man Schmerzensgeld nicht nur für körperliche Schmerzen, die durch die Verletzung und Operationen verursacht werden, erhält?"

6. Was alles zu den „Schmerzen“ zählt

Der Arzt antwortet ihm:
„Schmerzen, die durch Schmerzensgeld entschädigt werden, sind im weitesten Sinne gemeint. Viele Verletzte sind der Meinung, daß nur für körperliche Schmerzen Schmerzensgeld gezahlt wird. Das trifft nicht zu. Das Schmerzensgeld soll neben den körperlichen Schmerzen auch seelische Schmerzen erfassen. Der Begriff „seelische Schmerzen“ beinhaltet alle unangenehmen Gefühle, aber auch entgangene Lebensfreude. Alles das, was dem Verletzten vor dem Unfall Freude gemacht hat und durch die Schädigung nicht mehr erlebt werden kann, muß durch das Schmerzensgeld berücksichtigt werden, denn durch den Verlust von Lebensfreude entstehen seelische Schmerzen. Seelischer Schmerz entsteht zum Beispiel dadurch, daß man Angst um sein Leben hat, Angst um die Wiederherstellung der Gesundheit, Sorge um Ehe und Familie, um das berufliche Weiterkommen, Schrecken und Entsetzen über die Schwere der Verletzung, Kummer darüber, daß man sich nun nicht mehr unbehindert bewegen kann, verstümmelt zu sein, entstellt zu sein, betrübt darüber, längere Zeit im Krankenhaus zubringen zu müssen und den vertrauten Familienkreis zu entbehren, bedrückt zu sein wegen des zeitweiligen oder ständigen Verlustes liebgewordener Beschäftigungen, in Ihrem Fall, Herr K., der Verzicht auf das geliebte Fußballhobby. Unzählige seelische Belastungen aller Art sind durch das Schmerzensgeld zu entschädigen.

Damit die Versicherung, der Anwalt und auch das Gericht sich ein umfassendes Bild von diesen Behinderungen, Verlusten, körperlichen und seelischen Schäden, die durch die Körperverletzung entstanden sind, machen kann, stellt der Arzt das Gutachten zusammen, aus dem einmal durch Aufzählung der Verletzungen, dann durch plastische Schilderung des Krankheitsverlaufes mit allen Operationen und zum Schluß der verbliebene Schaden – der Dauerschaden – ersichtlich ist. Je ausführlicher diese Darstellung ist, um so überzeugender wird die anschließende Beurteilung untermauert sein. Nur dann, wenn ein derartiges Gutachten vorliegt kann das Schmerzensgeld in einer angemessenen Höhe zuerkannt werden."

An dieser Stelle fragt *Ewald K.* den Arzt:

„Herr Doktor, können Sie mir sagen, wieviel mein Schmerz kostet?"

Der Arzt:

„Schmerzen können natürlich nicht in Geld umgerechnet werden, wie sollte man das machen? Jeder Mensch hat zudem ein unterschiedliches Schmerzempfinden. Noch schwieriger erscheint die Umrechnung seelischer Schmerzen in Geldbeträge. Dennoch gibt es eine Möglichkeit die immateriellen Körperschäden zu bewerten. Das geschieht durch den Arzt, der die Schwere der körperlichen und seelischen Schmerzen für die einzelnen unterschiedlichen Abschnitte der Krankheitsdauer mit Prozentsätzen schätzt.

Bei einer sehr schweren Verletzung, besonders bei Mehrfachschäden, kann während der ersten besonders schmerzhaften Tage diese Bewertung mit 100 % angesetzt werden. Da während der Einwirkung von Schmerzen die Lebensfreude gemindert ist, bezeichnen die Prozentgrade die Minderung der Lebensfreude (MdL). Wenn sich der Zustand des Verletzten dann bessert, sinkt der Prozentsatz der Minderung der Lebensfreude ab, um bei zwischenzeitlicher erneuter Zunahme der körperlichen und seelischen Schmerzen wieder anzusteigen. Wenn nach der Heilung keine Unfallfolgen mehr zurückgeblieben sind, dann beträgt der Prozentsatz 0 % MdL.

Bleiben jedoch Behinderungen zurück, die körperliche oder seelische Schmerzen verursachen, z. B. auch Hobbybehinderungen, dann liegt ein durch den Arzt in Prozentzahlen abzuschätzender immaterieller Dauerschaden vor. Dabei bestimmt natürlich die Schwere der Schädigung die Höhe des Prozentsatzes. Ist es zum Beispiel zu einer Querschnittslähmung mit völliger Bewegungsunfähigkeit der

Beine gekommen, so daß der Verletzte nicht gehen oder stehen kann, wird selbstverständlich ein höherer Prozentsatz zu schätzen sein, als bei einem Verletzten, der nur eine Kniegelenksversteifung zurückbehalten hat. Der Gelähmte muß sein Leben lang auf eine Fülle von Tätigkeiten verzichten, die ein gesundes Leben zu bieten hat und wird darüber viel Kummer ertragen und Lebensfreude entbehren müssen. Er ist ausgeschlossen von zahlreichen geselligen Freuden. Dafür muß er entsprechend entschädigt werden. Aber auch die weniger schwer Betroffenen – die etwa ein Kniegelenk versteift haben und, wie Sie, auf Fußballspielen, Tanzen, Wandern und viele Annehmlichkeiten verzichten müssen, haben einen Anspruch auf eine angemessene Entschädigung, ein billiges – d. h. gerechtes – Schmerzensgeld.

Mit der Bezifferung der einzelnen Prozentsätze, die die Schwere der Lebensbeeinträchtigung nach Zeitabschnitten angeben, ist aber noch keine Geldsumme ermittelt, die als Schmerzensgeld infrage kommt.

Zahlreiche Schadensfälle werden zwischen den Versicherungen und den Verletzten, meist unter Mitwirkung eines Rechtsanwaltes, im Vergleich reguliert. Das sieht in der Praxis so aus: der Verletzte verlangt einen Betrag von der gegnerischen Versicherung, den er für die von ihm erduldeten Körperschäden als angemessen ansieht. Die Versicherung macht ein Gegenangebot, das in der Regel niedriger ist, und man trifft sich irgendwo zwischen diesen beiden Summen. Die Versicherung zahlt den vereinbarten Betrag und der Versicherte unterschreibt eine Verzichterklärung, aus der hervorgeht, daß er nach Erhalt des Betrages auf weitere Entschädigungen verzichtet – man hat sich verglichen. Dieser „Handel" hat zahlreiche Nachteile in dieser Form für den Verletzten, aber auch für die Versicherung: der Verletzte ist in der Regel darauf angewiesen, möglichst rasch in den Besitz der Entschädigungssumme zu kommen, so daß die Versicherung hier meist umgehende Regulierung des Schadensfalles mit einer für den Fall recht niedrigen Summe anbietet. Der Verletzte, der das weiß, verlangt deswegen nicht selten einen wesentlich höheren Betrag, als den, den er für angemessen ansieht – etwa die Hälfte mehr oder weit darüber – um so die Herabsetzung des Betrages durch die Versicherung auszugleichen. Dieses Hineinbringen taktischer und psychologischer Tricks verunsichert auf die Dauer einen rechtlichen Anspruch, benachteiligt auf der einen Seite die Versicherungen durch überhöhte Forderungen und benachteiligt nicht selten die Verletzten, die unter einem zeitlichen Druck Vergleiche annehmen, obwohl sie ihnen nicht gerecht erscheinen. Besonders aber belastet werden die sowieso geschädigten und bedauernswerten Opfer eines unverschuldeten Unfalles in nicht selten grotesker Weise dadurch, daß sie oft Jahre lang auf ihre Entschädigung warten müssen. Das kommt aber besonders dann vor, wenn der Verletzte – schlecht beraten – Phantasiesummen verlangt, die die gegenerische Partei ablehnt. Dann wird das Gericht bemüht.

Deswegen erscheint es unumgänglich notwendig, daß der *angemessene* „Preis" für einen jeden Fall – nämlich das Schmerzensgeld – bereits bald nach Eintritt des Unfallfolgedauerzustandes und nach dem Abklingen der aktuellen Schmerzen ermittelt wird.

Damit diese Ermittlung auf dem Boden der herrschenden Rechtsprechung und damit Tatsachen bleibt, gibt es nur einen Weg:

Die bisherigen gerichtlich entschiedenen Fälle müssen zu Vergleichszwecken herangezogen werden.

7. Die Schmerzensgeldtabellen

Verschiedene Autoren bieten sogenannte *Schmerzensgeldtabellen* an. Das sind Zusammenstellungen von Gerichtsurteilen, in denen Schmerzensgelder zuerkannt werden.

In diese Tabellen sind zahlreiche abgeurteilte Fälle eingeordnet, nach Verletzungsarten oder nach Höhe der Schmerzensgeldsummen, und werden von Versicherungen, Anwälten, aber auch Gerichten zur Orientierung benutzt, um „ähnliche Fälle" herauszusuchen oder sogar gleichartige zu finden.

Die Praxis aber zeigt, daß es gleichartige Fälle nicht gibt und ähnliche Fälle nur äußerst selten vorkommen. Dennoch orientieren sich noch viele Versicherungen ausschließlich an den Schmerzensgeldtabellen und suchen möglichst niedrige Schmerzensgeldbeträge bei anscheinend gleichgelagerten Fällen heraus. Damit aber wird die angebotene Entschädigungssumme dem Ausmaß der immateriellen Schädigung nicht gerecht.

Um nun die Notwendigkeit, die bisherigen Gerichtsurteile als Grundlage zu benutzen und dennoch jeden Fall individuell zu bewerten, wurden die zuerkannten Höchst- und Mindestbeträge in einer Tabelle zusammengefaßt und mit den möglichen Prozentsätzen der Minderung der Lebensfreude in Beziehung gesetzt. Dabei kann jedem Prozentsatz in einem bestimmten Zeitraum auch ein bestimmter DM-Betrag zugeordnet werden. Die durch den ärztlichen Sachverständigen ermittelten Prozentsätze erlauben das Ablesen der zugehörigen Schmerzensgelder in der Tabelle, und für die einzelnen Zeitabschnitte werden dann die DM-Beträge zusammengezählt. Eine solche Umrechnungstabelle wird auf Seite 50 gezeigt.

Auf diese Weise erhält man einen Betrag, der als angemessenes Schmerzensgeld und damit Verhandlungsgrundlage akzeptiert werden kann. Die Versicherungen, die an Hand des Gutachtens die Höhe des Betrages nachprüfen können, brauchen nicht mehr zu befürchten, daß überhöhte Forderungen gestellt werden, und der Verletzte weiß, „wieviel sein Schmerz kostet". Auch für den Anwalt und für den Richter wird dadurch eine angemessene Schmerzensgeldhöhe deutlicher. Die Prozesse um Schmerzensgeld werden seltener und der einvernehmliche Vergleich häufiger. Der Verletzte wird sich so informiert nicht mehr in astronomische Wunschvorstellungen versteigen, die einen aussichtslosen Kampf provozieren, der sich in die Länge zieht, neues seelisches Leid verursacht und dann letztendlich doch die überspannten Erwartungen nicht erfüllt."

8. Das Schmerzensgeldgutachten

Aus dem von dem Arzt angefertigten *Schmerzensgeldgutachten* ist ersichtlich, welche Verletzungen *Ewald K.* erlitten hat und welche Schmerzen er erdulden mußte, welche Schäden zur Zeit bestehen und welcher Dauerschaden zurückgeblieben ist.

Aus den Papieren des Krankenhauses, besonders den Fieberkurven und den Zwischenbefunden, einschließlich Röntgenbildern und Fotos, erarbeitet der Arzt eine zeitlich genau aufgeführte Zusammenstellung des ganzen Krankheitsverlaufes, beginnend vom Unfallhergang über den Aufnahmebefund im Krankenhaus bis zu den Operationen und weiteren Behandlungsmaßnahmen. Er beschreibt die Verletzungen eingehend, die Situation während des ganzen Krankenhausaufenthaltes, die Schienenverbände, den Streckverband, die Gipsverbände. Mit der Aufzählung der notwendigen Betäubungsmittel, der Dauer der Bettlägerigkeit, dem Zwang, wochenlang auf dem Rücken liegen zu müssen, den Komplikationen und auch der Nachbehandlungszeit wird die Darstellung der Leiden und ihre langsame Besserung abgerundet.

So kommt der Arzt am Schlusse seines Schmerzensgeldgutachtens über *Herrn K.* zu folgendem Ergebnis:

„Die Lebensfreude wurde während der angegebenen Zeitabschnitte in folgenden Prozentsätzen gemindert:

100 % MdL vom 3. 5. 1969–7. 5. 1969 wegen der außerordentlich schmerzhaften Schäden, der unbequemen Lagerung im Streckapparat und im Gips- und Schienenverband beider Beine, den sehr schmerzhaften Atembeschwerden durch die Rippenreihenbrüche,

70 % MdL vom 8. 5. 1969–5. 6. 1969 wegen der gleichen Beschwerden bei jedoch deutlicher Anpassung und Besserung,

50 % MdL vom 6. 6. 1969–11. 8. 1969 wegen der noch bestehenden wesentlichen Beschwerden, auch seelischer Art, jedoch Erleichterung durch die Abnahme des Streckverbandes,

40 % MdL vom 12. 8. 1969–10. 1. 1970, da der Patient wieder in die häusliche Pflege entlassen wird mit den vertrauten und liebgewordenen Bequemlichkeiten, bei jedoch noch weiterem Bestehen von körperlichen Schmerzen im Brustkorb; Gipsverband; Sorgen,

30 % MdL vom 11. 1. 1970–2. 5. 1970, da der Gipsverband entfernt wird und besseres, wenn auch noch stark behindertes Gehen vorliegt; Schmerzen besonders im linken Kniegelenk,

20 % MdL vom 3. 5. –2. 8. 1970 nach Wiederaufnahme der Arbeit und Eingliederung in den Alltag bei Versteifung des linken Knie- und Fußgelenkes,

10 % MdL ab 3. 8. 1970 als Dauerschaden, da noch eine erhebliche Gangstörung vorliegt, die auch nicht mehr behoben werden kann; außerdem besteht eine erschwerte Nasenatmung und eine leichte Beinverkürzung; durch diese Behinderung ist sein Hobby – das Fußballspielen – nicht mehr durchführbar."

Die Umrechnung dieser Prozentsätze durch den Anwalt erfolgt mit Hilfe der auf Seite 50 wiedergegebenen Umrechnungstabelle, die der heutigen Rechtsprechung angepaßt ist, in DM-Beträge. Diese Berechnung ergibt das folgende Bild, wobei der Endbetrag nur als Richtschnur für die ungefähre Höhe des Schmerzensgeldes dienen soll:

100 % MdL für 5 Tage	425,– DM
70 % MdL für 4 Wochen	1 666,– DM
50 % MdL für 2 Monate und 5 Tage	2 762,50 DM
40 % MdL für 5 Monate	5 100,– DM
30 % MdL für 3 Monate und 3 Wochen	2 830,50 DM
20 % MdL für 3 Monate	1 530,– DM
Für den aktuellen Schaden	14 314,– DM

an Schmerzensgeld, daß heißt, bis zum Beginn des Dauerschadens.

Für den Dauerschaden wurde ein MdL von 10 % geschätzt, das wäre nach der Rententabelle für zur Zeit in Deutschland übliche und gerichtlich im Durchschnitt zuerkannte Schmerzensgeldrenten ein Betrag von monatlich

DM 75,–,

den sich *Ewald K.* jedoch als Kapitalauszahlung sofort geben ließ. Dabei wurde aber nicht der volle Betrag ausgezahlt den er bei einer voraussichtlichen Lebendauer von 70 Jahren, das heißt bei dem 39jährigen Mann noch 31 Jahre lang, erhalten hätte, sondern weniger. Bei einer Kapitalisierung, wie diese Vorauszahlung einer Rente heißt, wird nach einer offiziellen Kapitalisierungstabelle umgerechnet, die je nach dem Lebensalter des Rentenempfängers verschieden hohe Umrechnungsfaktoren enthält (siehe Seite 48 f.). Nach dieser Tabelle kommt für *Ewald K.* der Kapitalisierungsfaktor 16,126 infrage. Multipliziert man die Jahresrentensumme mit diesem Faktor, erhält man das auszuzahlende Kapital, bei Herrn *K.* demnach zuzüglich zu dem Betrag für die akuten Schmerzen von

	DM 14 314,–
nochmals	DM 14 313,40
Zusammen	DM 28 627,40

Nun wissen der Anwalt und auch *Ewald K.*, in welcher ungefähren Höhe sich ihre Schmerzensgeldvorstellungen bewegen können.

Der Anwalt übersendet der Versicherung das Gutachten und die bezifferte Schmerzensgeldforderung.

Wenn sich die Versicherung und der Verletzte einigen, kommt es zum Vergleich und der Schadensfall ist abgeschlossen. Kommt keine Einigung zustande, dann wird das Gericht angerufen, – es wird geklagt.

Da die Gerichte stets überlastet sind, zieht sich ein solcher Prozeß oft sehr lange hin. Aber auch dann, wenn eine Partei in der ersten Instanz gesiegt hat, kann der unterlegene

Teil in die Berufung gehen – der Prozeß zieht sich weiter hinaus, was nicht selten Jahre dauert.

Im vorliegenden Falle kam es – dank des Gutachtens – zu einem Vergleich mit der Haftpflichtversicherung – *Ewald K.* ließ sich abfinden. Von dem Betrag kaufte er sich ein Grundstück und baute sich – in Verbindung mit seinem Bausparvertrag und der ihm ebenfalls zustehenden Arbeitsunfallrente, die er kapitalisieren ließ, – ein nettes Einfamilienhaus, so daß er auch einen seelischen Ausgleich für die ausgestandenen und noch vorhandenen seelischen und körperlichen Schmerzen erhielt.

9. Was lernen wir aus der Geschichte des Ewald K.,

wenn wir die Frage beantwortet haben wollen:
Wieviel kostet dein Schmerz?

Kurz zusammengefaßt:

1. daß man ein Schmerzensgeld einfordern muß – niemand wird es freiwillig anbieten, weder der Schädiger, noch die Versicherung oder ein Gericht;
2. daß man selbst die Höhe des Schmerzensgeldes angeben muß;
3. daß der Schädiger und dessen Versicherung in der Regel die Höhe des geforderten Schmerzensgeldes herabdrücken, wenn keine einwandfreie und überzeugende Begutachtung die Schwere und den Umfang des immateriellen Schadens beweist;
4. daß die frühzeitige Inanspruchnahme eines Rechsanwaltes von ausschlaggebender Bedeutung ist;
5. daß der wichtigste Zeuge als Sachverständiger bei Körperverletzungen immer nur der Arzt sein kann, dessen Gutachten die Höhe des Schmerzensgeldes entscheidend beeinflußt, da erst seine plastische und transparente Darstellung den vollen Umfang des Leidens für Gericht und Versicherung sichtbar macht.

Daraus ergeben sich für die Praxis im Falle einer Verletzung, die ein Anderer verschuldet hat, einige wichtige Faustregeln, die man sich und seinen Angehörigen einprägen sollte:

- Nach einem Unfall sofort Zeugen feststellen;
- Umgehend ärztliche Behandlung aufsuchen und dort bereits zu Beginn der Behandlung die genaue Dokumentation vornehmen lassen, damit

alle frischen Körperschäden beschrieben und fotografiert werden. Wenn später die Wunden verheilt sind und nur noch eine kleine Narbe vorhanden ist, kann die Schwere der Schädigung nicht mehr ausreichend demonstriert werden. Dem Arzt immer sagen, daß es sich um einen Haftpflichtfall handelt;

- Möglichst bald einen Rechtsanwalt hinzuzuziehen. Auf jeden Fall den Schadensersatz bald mit **Einschreiben** bei dem Schädiger oder dessen Versicherung anmelden: den Sachschaden und übrigen materiellen Schaden, wie auch das Schmerzensgeld, zunächst ohne Angabe der noch festzustellenden Schmerzensgeldhöhe.

10. Wann soll der Verletzte das bezifferte Schmerzensgeld fordern?

Die genaue Höhe des verlangten Schmerzensgeldes sollte nicht vor Abschluß der Behandlung benannt werden und auch dann nur für die bereits verflossene Zeit. Es ist nicht sinnvoll und auch nicht überzeugend zu begründen, wenn ein Schmerzensgeldbetrag vor Abschluß der möglichen Wiederherstellung der Schäden verlangt wird, da man die Komplikationen und vor allem das Endresultat der Behandlung und Heilung nicht voraussehen kann. Das schließt jedoch nicht aus, daß der Verletzte – bei längerer Krankheitsdauer – einen Schmerzensgeldvorschuß verlangen kann, der von den Versicherungen, falls die Schuldfrage geklärt ist, auch häufig gewährt wird.

Mit dem Zeitpunkt des Abschlusses der Behandlung wird auch schon oft das Ausmaß des bleibenden, des Dauerschadens überschaubar. Das heißt, nach Abschluß der Behandlung ist ungefähr abzusehen, welche Folgen der Körperschädigung zurückbleiben werden. In geringem Umfange wird in nicht seltenen Fällen durch Gewöhnung und sehr langsame weitere Besserung das Heilungsergebnis auch nach Jahren unter Umständen eine günstigere Situation ergeben. Die ärztliche Erfahrung auf diesem Gebiet kann im Gutachten durchaus konkrete Angaben auch hierzu machen.

Zum Zeitpunkt des Abschlusses der Behandlung also sollte die bezifferte Schmerzensgeldforderung für die inzwischen vergangene Zeit erfolgen. Der Arzt ist nun in der Lage, an Hand seiner Aufzeichnungen, Beobachtungen bei der Behandlung und des Abschlußbefundes über den Verletzten ein Schmerzensgeldgutachten anzufertigen. Denn dieses Gutachten benötigt der Verletzte, um seine Schmerzensgeldforderung der Höhe nach zu begründen und zu beweisen. In dem Gutachten wird nämlich genau beschrieben, was er durch die Verletzungen an körperlichen und seelischen Schmerzen erdulden, welche Entbehrungen er auf sich nehmen mußte und welche Beeinträchtigungen für die Zukunft noch verblieben sind.

Wenn der Arzt das Gutachten fertiggestellt hat, dann fragt ihn sein Patient jedesmal:

„Wieviel Schmerzensgeld kann ich verlangen?"

11. „Wieviel Schmerzensgeld kann ich verlangen?"

Der Arzt könnte an Hand seines Gutachtens und der Umrechnungstabelle leicht feststellen, wieviel ungefähr die Gerichte heute in diesem Falle zusprechen würden. Diese Auskunft aber sollte er dem Rechtsanwalt überlassen, der die weiteren — rein juristischen — Faktoren kennt, die gerade in dem betreffenden Fall zu berücksichtigen sind (siehe Seite 37). Der Arzt kann aber, wenn ihm der Verletzte eine Summe nennt, sicherlich sagen, „diese Summe ist zu hoch oder zu niedrig". Der Arzt, der ein derartiges Schmerzensgeldgutachten anfertigt, nimmt durch die Prozentbewertung einen erheblichen Einfluß auf die Schmerzensgeldhöhe, da mit Hilfe der Prozentsätze der Minderung der Lebensfreude in den einzelnen Zeitabschnitten, aus der Umrechnungstabelle direkt die zugehörigen Schmerzensgelder abgelesen werden können. Der Verletzte erfährt auf diese Weise eine vernünftige Angabe über die ihm zustehende zeitübliche Schmerzensgeldsumme, die ihn weder benachteiligt, noch leicht durch die Versicherung angegriffen werden kann. Der Verletzte braucht sich lediglich ein derartiges Gutachten — wiederum am besten über seinen Rechtsanwalt — anfertigen zu lassen. Unsinnig ist es, Phantasiebeträge zu fordern, die nie gezahlt werden, aber einen langen Prozeß ohne Aussicht auf Erfolg provozieren. Die Versicherungen sind keine Wohltätigkeitsinstitute, sondern Geschäftsunternehmen. Es ist verständlich, wenn auch nicht zu billigen, daß sie stets versuchen, die Entschädigung möglichst niedrig zu halten. Sie werden immer versuchen, den „Preis" für die Schmerzen herabzudrücken. Deswegen wird man häufig finden, daß die Versicherungen aus den Schmerzensgeldtabellen, die aus einer Sammlung von Gerichtsurteilen bestehen, die ihnen vergleichbaren Fälle heraussuchen, die den niedrigsten Schmerzensgeldbetrag aufweisen, um damit die Herabsetzung des geforderten Schmerzensgeldbetrages zu begründen. Umgekehrt wird der Rechtsanwalt auf höher bezifferte Urteile hinweisen.

Der Haken dabei ist nur, daß es vergleichbare Fälle, besonders bei schweren und vielfachen Verletzungen, gar nicht gibt.

Ohne das Vorliegen eines nach Prozentsätzen der Minderung der Lebensfreude geschätzten Schmerzensgeldgutachtens wird dann so verfahren: Der Verletzte verlangt etwa 10 000,– DM und die Versicherung bietet dagegen nur 4000,– DM, – irgendwo dazwischen werden sich die gegnerischen Parteien dann treffen. Manche Verletzte versuchen dabei schon vorbeugend den von ihnen als angemessen angesehenen Schmerzensgeldbetrag dadurch zu erhalten, daß sie etwa die Hälfte aufschlagen, also in unserem Beispiel nicht 10 000,– DM, sondern 15 000,– DM fordern, damit sie dann im Kampf mit der Versicherung um die Höhe des Schmerzensgeldes etwa 5 000,– DM nachgeben zu können und damit ihre Vergleichbereitschaft beweisen. In gewissem Umfang ist diese Taktik sicher erfolgreich, aber zu empfehlen ist sie nicht, denn die Versicherungen kennen diesen Trick auch und richten sich darauf ein. Außerdem ist durch eine seriöse Begutachtung dann diese Forderung nicht mehr unterstützbar. Da die Durchschnittswerte der Gerichtsurteile ermittelt werden können, ist heute ein solches Vorgehen auch nicht klug, weil die Versicherungen es bei derart überhöhten Forderungen immer auf einen Prozeß ankommen lassen, den sie mit großer Wahrscheinlichkeit gewinnen werden.

Es geht also nicht so sehr darum, das angemessene Schmerzensgeld durch einen Trick zu erlangen, sondern darum, durch ein möglichst präzises Gutachten, das die Unfallfolgen genau darlegt und überzeugend beurteilt, die Gegengründe der Versicherung stichhaltig zurückzuweisen.

Dann kann der Verletzte auch unbesorgt einem Gerichtsverfahren entgegensehen – wenn es unter diesen Voraussetzungen überhaupt noch zu einem Prozeß kommt. Die Erfahrungen der letzten Jahre haben gezeigt, daß das praktisch nie vorkommt, wenn ein derart abgefaßtes Gutachten vorgelegt wird.

Die Verzögerungstaktik einiger Versicherungen hat psychologische und kaufmännische Gründe. Ihre Überlegungen gehen zum Beispiel davon aus, daß ein Verletzter bei erheblicher Herauszögerung der Regulierung eher vergleichsbereit wird – auch dann, wenn er dabei einen ungünstigen Vergleich abschließt. Die Praxis zeigt, daß diese Praktik für die Versicherungen erfolgreich ist. Außerdem können die Versicherungen – bei denen es sich insgesamt um ganz erhebliche Streitsummen handelt – mit dem noch nicht gezahlten Geld durch anderweitigen Einsatz erhebliche Erträge erzielen. Seitdem die Gerichte offensichtlich hinausgezögerte Schmerzensgeldzahlungen durch einen kräftigen Zuschlag bestrafen, scheuen diese Versicherungen vor derartigen unschönen Methoden etwas zurück.

Dennoch sollte sich der Verletzte aber immer darüber klar sein, daß die Haftpflichtversicherungen einen außerordentlichen *Sicherheitsfaktor* für ihn selbst wie auch den Schädiger darstellen. In zahlreichen Fällen würde der Verletzte keine oder eine unzureichende Entschädigung erhalten, nämlich dann, wenn der Schädiger dazu nicht in der Lage ist, einen angemessenen Betrag zu leisten. Der Schädiger wird in diesem Falle geschützt, da er nicht selten ohne Versicherungsschutz wirtschaftlich ruiniert würde.

Die soziale Funktion der Haftpflichtversicherung steht damit ganz außer Zweifel. Die Versicherungen sind jedoch kaufmännische Privatunternehmen, die mit ihren Geldern, die sie aus den Beiträgen ihrer Mitglieder erhalten, auskommen müssen, weshalb bei höheren Schmerzensgeldern auch mit höheren Beiträgen gerechnet werden muß. Wenn der Verletzte die Möglichkeiten wahrnimmt, die ihm heute bei der Erlangung des Schmerzensgeldes zur Verfügung stehen – um ihn darüber aufzuklären wurde diese Schrift veröffentlicht – kann er, ohne sich zu erregen oder benachteiligt zu werden, verhältnismäßig rasch und angemessen entschädigt werden.

Völlig unnötig und auch schädlich ist es sich über die Methoden einiger Versicherungen seelisch aus dem Gleichgewicht bringen zu lassen, denn das würde ihm – dem Verletzten – weiter schaden. Hier gibt es nur den Weg der nüchternen Betrachtungsweise sowie zielstrebiges Handeln, wobei ihm die Helfer Anwalt und Arzt zur Seite stehen.

Seelische Erregungen wegen der Schwierigkeiten, die die Versicherungen bei Erlangung des Schmerzensgeldes machen, vermehren nur das Leid des Verletzten. Nicht selten steigert sich ein Geschädigter derart in eine innere Abneigung gegen die sein Schmerzensgeld ablehnende Versicherung hinein, daß ein echter Dauerschaden zurückbleibt – die Schmerzensgeldneurose.

Allein schon aus diesem Grund sollte gerade das Schmerzensgeld ohne Emotionen sachlich behandelt werden, was nur durch den klaren Nachweis des Schadens – durch das anschauliche und stichhaltige Gutachten – erreicht werden kann.

12. Was wird durch das „Schmerzensgeld" bezahlt?

Der Name sagt es – jedoch nicht in seinem ganzen Umfange: Schmerzensgeld ist Geld, daß für erlittene Schmerzen gezahlt wird.

Also denken viele Verletzte: der Hundebiß hat mir Schmerzen bereitet, also bekomme ich für diese Schmerzen Geld vom Hundehalter oder dessen Versicherung.

Das ist aber nicht genug, denn das Schmerzensgeld wird nicht nur für körperliche Schmerzen gezahlt, sondern auch für seelische Schmerzen – wie wir auf S. 14 bereits gesehen haben – und dazu gehören soviele Arten des Unbehagens, daß sie nicht alle im einzelnen aufgezählt werden können. Aber einige Beispiele lassen schon erkennen, wie weit der Rahmen hier gesteckt ist:

- Trauer (z. B. über den Verlust des Augenlichts),
- Kummer (z. B. über den Verlust der Gesundheit),
- Angst (z. B. vor einer Operation),
- Verzweiflung (z. B. wegen der schweren Entstellung),
- Sorgen (z. B. um den beruflichen Aufstieg),
- Schamgefühl (z. B. wegen einer häßlichen Gangstörung),
- Einsamkeit (z. B. wegen einer Lähmung der Beine),
- Ausgeschlossensein (z. B. von Tanz, Vergnügen usw.),
- Behindertsein (z. B. wegen einer Handverkrüppelung),
- Heiratschancenverlust (z. B. Verlust der Reize).

So werden auch alle anderen seelischen Belastungen gewertet: der Schrecken beim Unfallereignis, das Entsetzen bei besonders schlimmen Verletzungsarten, insbesondere dann, wenn die Schädigung langsam und unausweichlich auf einen zukommt und damit schwer belastende Gefühle auslösen kann, so zum Beispiel:

- Langsames Versinken in unergründlichem Schlamm oder Moor,
- Hängen an einer hochgelegenen Stelle mit der Gefahr abzustürzen ohne Aussicht auf Rettung,
- Schwerverletzt irgendwo zu liegen ohne Aussicht auf Hilfe,
- Angst vor Operation, Injektionen, Wundversorgungen, Narkosen mit der nachfolgenden Übelkeit,
- Das Liegen in Streckapparaten, insbesondere für längere Zeit auf dem Rücken,
- „Freiheitsentzug" bei Krankenhausaufenthalt,
- Unangenehme Situation durch Zusammenliegen mit anderen Kranken im Krankenhaus (Ertragenmüssen der Leidensäußerungen anderer Kranker, Belastungen bei eigener Schonungsbedürftigkeit, Unruhe durch die Besucher, üble Gerüche durch medizinische und hygienische Maßnahmen bei anderen Patienten usw.),
- Verzicht auf das liebgewordene häusliche Familienleben, auch der Verzicht – oft über lange Zeit – auf eheliche Intimitäten,
- Depressionen wegen der fraglichen Wiederherstellung,
- Suchtgefahr und Suchteintritt durch Gewöhnung an die Schmerzmittel bei schweren Verletzungen,
- Todesangst durch Zwischenfälle (Embolie, Herzanfälle),
- Verlust oder Beeinträchtigung der Sinnesorgane (Sehen, Hören, Riechen, Schmecken u. a.),
- Behinderungen durch Verlust oder Schädigung der Greif- und Bewegungsorgane, insbesondere bei Hobby-Ausübung, z. B. beim Wandern, Musizieren, Sport treiben, Jagdvergnügen, Naturgenuß,

- Störung der zwischenmenschlichen Beziehungen,
- Erleiden von Kränkungen wegen unfallbedingter Defekte,
- Depressionen wegen ekelerregender Unfallfolgen (künstlicher Darmausgang, Speichel-, Tränenfluß, eiternde Knochenfisteln usw.).

Darüber hinaus aber müssen weiter bewertet werden alle sonstigen Unlustgefühle und Mißempfindungen, auch dann wenn sie keine körperlichen Schmerzen verursachen. Hier einige Beispiele:

- Unangenehme Gefühllosigkeit durch Nervenschädigung,
- Überempfindlichkeit der Haut,
- Krankhafter Juckreiz,
- Steigerung des Depressionsgefühls bis zum Selbstmordwunsch oder -versuch,

kurz, jede Beeinträchtigung der Lebensfreude.

Es ist unmöglich auch nur annähernd die denkbaren seelischen Schmerzen aufzuzählen. Einige werden fast in jedem Schadensfalle vorkommen und andere nur ganz selten. Der Verletzte aber muß wissen, daß alle diese Unlustgefühle und seelischen Belastungen für die Bemessung des Schmerzensgeldes in Betracht kommen. Deswegen sollte er alles Erlittene dem Arzt und seinem Anwalt mitteilen.

In manchen Fällen führen seelische Belastungen auch zu längeren Schädigungen, so nicht selten die Angst wieder ein Kraftfahrzeug zu steuern oder eine Straße zu überqueren, Schlafstörungen und ein quälendes Gefühl des „Nicht-davon-loskommens". Doch sind derartige länger nachwirkende oder in seltenen Fällen dauernd vorhandene seelische Unfallfolgen nur bei schwerwiegenden Einwirkungen zu erwarten, in der Regel bei lange anhaltenden grauenvollen Schrecken und Martern.

Wenn auch in nicht seltenen Fällen das bewußte Miterleben von Schmerzen oder Schrecken durch eine Ohnmacht oder eine sonstige Bewußtlosigkeit ausgeschaltet wird, so ist die Rückerinnerung an dadurch verlorene Lebensstunden oder Lebenstage eine seelische Belastung, die zu den seelischen Schmerzen gehört und bewertet werden muß.

Von entscheidender Bedeutung ist bei einer dauernden Körperbehinderung durch das Schadensereignis, daß der Verletzte seinem Arzt und dem Anwalt angibt, welche Liebhabereien er hatte und in welcher Weise er nun durch den Dauerschaden auf sie verzichten muß.

Die Beeinträchtigung von Liebhabereien – Hobbys – durch Körperschäden kommt so oft vor, daß hierauf ganz besonders geachtet werden muß. Schließlich liegt hier ein Großteil der Gewinnung von Lebensfreude. Der Verletzte erleichtert seinem Arzt die Begutachtung durch ausführliche Angaben über seine Hobbys ganz erheblich. Dabei ist zu fragen, in welchem Umfange die Liebhabereien beeinträchtigt sind. Der Beinamputierte wird nie mehr einer Bergsteigermannschaft angehören, der Blinde nie mehr seinem Mal-Hobby nachgehen können, der Armamputierte nicht Geige spielen und der Gelähmte nie mehr Tennis spielen können.

Die Darstellung dieser Situationen – die in jedem Schadensfall andersartig sein werden – ist die Hauptaufgabe bei der Ermittlung der Minderung der Lebensfreude.

Aus dieser Aufstellung von Körperschäden erkennt man:

Der *Schmerz,* der durch das *Schmerzensgeld* bezahlt werden soll, ist in einem sehr umfassenden Rahmen zu sehen. Er beinhaltet:

- den *körperlichen Schmerz,*
- den *seelischen Schmerz,*
- alle *Unlustgefühle,*
- alle *Einbußen an Lebensfreude,*
- alle *Zurücksetzungen,*
- alle *Hobby-Behinderungen,*

die durch den haftpflichtigen Schaden entstanden sind.

Nur dann, wenn man alle diese für den Geschädigten schmerzlichen Folgen der Schädigung berücksichtigt, ist dem Anspruch auf Schmerzensgeld — oder wie der Gesetzgeber es ausgedrückt, auf „nichtmateriellen Schaden" — in vollem Umfange Genüge getan. Das aber ist nicht möglich, wenn der Richter nach freiem Ermessen „aus allgemeiner Lebenserfahrung" diese Beurteilung ohne den ärztlichen Sachverständigen vornimmt. Sein „pflichtgemäßes freies Ermessen" ist heute nur noch praktikabel durch Beiziehung eines ärztlichen Schmerzensgeldgutachtens, denn nur dann kann der volle Umfang des Schadens ermittelt und berücksichtigt werden. Darauf hat der Verletzte einen rechtlichen Anspruch, denn das Gesetz spricht von einer „billigen", das heißt angemessenen Entschädigung in Geld. Anmessen aber kann man nur dann, wenn ein fachlicher Maßstab angelegt wird — die fachliche Begutachtung — und nicht die allgemeine Lebenserfahrung eines medizinischen Laien.

Zu den häufig vorkommenden *Hobbys,* deren Einbuße eine oft sehr wesentliche Herabsetzung der Lebensfreude darstellt, gehören nicht selten Freizeitbeschäftigungen, die landläufig nicht als Hobby angesehen werden. So muß man die Arbeit in einem Schrebergarten unbedingt auch zu der Hobby-Beschäftigung rechnen. Der Schrebergärtner, der diese Arbeit sich in seiner Freizeit zur Entspannung und Freude an der Naturverbundenheit ausgesucht hat, ist durch eine Behinderung, die ihm die Weiterführung dieser Tätigkeit nicht mehr erlaubt, im Sinne des Schmerzensgeldes erheblich getroffen. Es braucht also nicht immer eine besondere Liebhaberei zu sein, deren Verlust zu entschädigen ist, wie z. B. Reiten, Tennisspielen, Musizieren, sondern auch scheinbar alltägliche Hobbys wie Wandern, Spazierengehen oder Angeln, wenn sie nachweislich vor dem Schadensereignis regelmäßig durchgeführt wurden.

Sehr oft werden auch Minderungen der Lebensfreude dadurch verursacht, daß der Geschädigte in seinem Turnverein, bei der Gymnastikgemeinschaft, dem Sportklub nicht mehr als aktives Mitglied tätig sein kann.

Jede Liebhaberei — gleich auf welchem Gebiet — ist hier zu berücksichtigen.

13. Die Bestimmung der Höhe des Schmerzensgeldes

Die Höhe des Schmerzensgeldes hängt an erster Stelle von dem Ausmaß der seelischen und körperlichen Schmerzen ab.
Unter *Ausmaß* haben wir die Stärke und die Dauer der Schmerzen kennengelernt. Die Schwere der Schmerzen geht meist mit der Schwere der Verletzung einher, insbesondere erkennt man das, wenn man die körperlichen *und* seelischen Schmerzen zusammengefaßt betrachtet. Ein Querschnittsgelähmter kann z. B. in beiden Beinen völlig gefühllos und damit auch für körperliche Schmerzen unempfindlich sein, – aber durch das große seelische Leid gelähmt zu sein, mit schweren seelischen Schmerzen belastet.

Andererseits kann der körperliche Schmerz längst abgeklungen sein, z. B. wenn die großen Gesichtswunden verheilt sind, aber die seelischen Schmerzen wegen der Entstellung durch häßliche Narben noch weiter bestehen bleiben.

Erst in zweiter Linie spielen

andere Faktoren bei der Bemessung des Schmerzensgeldes
eine Rolle:

- der *Grad des Verschuldens.* Das heißt, es ist nicht unerheblich, ob der Schädiger fahrlässig, grobfahrlässig oder sogar vorsätzlich das Schadensereignis herbeigeführt hat;
- auch ein *Verschulden des Geschädigten* ist selbstverständlich von Bedeutung, wobei der Grad des eigenen Mitverschuldens die Höhe des Schmerzensgeldes herabsetzt;
- die *Vermögenslage* des Schädigers oder des Geschädigten kann gelegentlich bei der Festsetzung der Höhe des Schmerzensgeldes

Berücksichtigung finden, was aber bei den durch die Haftpflichtversicherung gedeckten Schäden kaum praktiziert wird.

Aus diesen Bemessungsfaktoren ist ersichtlich, daß die endgültige Höhe eines Schmerzensgeldes nur durch den Richter bestimmt werden kann, da die nichtmedizinischen Zusammenhänge nur durch den Juristen beurteilt werden können. Dennoch muß nochmals darauf hingewiesen werden, daß die Grundlage einer jeden Schmerzensgeldbemessung immer der Schmerz ist, also auch die Ausgangsbasis eines Schmerzensgeldes die ärztliche Beurteilung stets sein muß. Ein Gericht, das bei jedem Kraftfahrzeugschaden ein Sachverständigengutachten einholt, wäre nicht gutzuheißen, wenn es bei einem geschädigten Menschen mit den unübersehbaren Schadensmöglichkeiten ohne ein derartiges Gutachten eines Sachverständigen auskommen wollte. Das hieße das Auto über den Menschen stellen. Die Schmerzensgeldfälle, die vor Gericht ausgefochten werden müssen, sind ja strittig und infolgedessen besonders heikel in der Beurteilung. Es genügt dabei nicht – wie schon erwähnt –, daß der Richter nach allgemeiner Lebenserfahrung urteilt und auch nicht, wenn er sich auf die Schmerzensgeldtabellen – das heißt frühere Urteile – stützt, denn jeder Schaden ist von jedem anderen verschieden, so daß eine gerechte, dem Gesetz der billigen und angemessenen Entschädigung dadurch nicht entsprochen werden kann. Selbst scheinbar gleichartige Fälle – etwa ein glatter Armverlust – sind ohne Berücksichtigung des individuellen Krankheitsverlaufs und der Person des Geschädigten stets voneinander unterschieden. So ist zum Beispiel – um bei dem Armverlust zu bleiben – dieser Schaden für einen Pianisten noch schwerwiegender als für einen Fußballspieler oder Läufer, der Verlust eines Beines noch erheblicher für einen Bergsteiger als für einen Verletzten, der die Berge am liebsten auf dem Fernsehschirm genießt.

14. Wer bestimmt die Höhe der Schmerzensgeldforderung?

Diese Frage ist kurz zu beantworten: der Verletzte.

Dabei ist er aber in den meisten Fällen überfordert. So fragt er seinen Rechtsanwalt, dieser – falls ihm der Schaden aus einem Attest bekannt ist – schlägt in der Schmerzensgeldtabelle nach und sucht einen ähnlichen Fall (den er aber kaum finden kann) und sieht nach, was da an Schmerzensgeldbeträgen gezahlt worden ist. Kennt der Anwalt jedoch einen guten ärztlichen Sachverständigen, wird er dessen Gutachten anfordern.

So ergeben sich folgende Möglichkeiten:

1. Der Geschädigte verlangt vom Schädiger einen Schmerzensgeldbetrag, den er von seinem Rechtsanwalt auf Grund der ärztlichen Begutachtung genannt bekommen hat und der Schädiger zahlt;

   oder der Schädiger handelt etwas von dem Betrag herunter und sie einigen sich – das wäre der Vergleich;

2. So ähnlich verhält es sich bei den Versicherungen: der Geschädigte bzw. sein Anwalt verlangen ein ihnen auf Grund des Gutachtens angemessen erscheinendes Schmerzensgeld und die Versicherungen verhandeln daraufhin mit ihnen. Im Falle der Einigung unterschreibt der Verletzte eine generelle Abfindungserklärung, womit der ganze Schadensfall erledigt ist oder aber läßt die Möglichkeit einer später eintretenden Verschlimmerung offen, so daß er gegebenenfalls dann die Versicherung wieder zu einer neuen Schmerzensgeldzahlung heranziehen kann, wenn sich Spätfolgen der Verletzung ergeben;

3. Falls sich die Parteien nicht einigen können, d. h. ein Vergleich nicht zustande kommt, kommt es zum Gerichtsverfahren – der Richter muß bestimmen.

Da aber vom Verletzten in jedem Falle ein ärztliches Gutachten beigebracht werden sollte, um seine Leiden zu beweisen, ist letztlich der Arzt in erheblichem Maße an der Schmerzensgeldbemessung beteiligt. Deswegen sollte sich jeder Geschädigte von Anfang an darüber klar sein, daß er alles unternehmen sollte, was die Erstellung eines ärztlichen Gutachtens in seinem besonderen Falle fördern könnte. Durch diese aktive Mitwirkung können der Verletzte oder seine Angehörigen ebenfalls erheblich an der Höhe des Schmerzensgeldes, das er ja erhalten will, mitwirken.

Der geschulte Arzt wird dabei seinerseits vom ersten Tage der Schädigung an alle Beweise für die erlittenen Schmerzen seines Patienten zusammentragen.

Besonders wichtig ist dabei die Dokumentation durch *Farbphotos.* Wenn der Verletzte später der Versicherung – oder dem Gericht – Farbaufnahmen seiner Wunden oder Blutergüsse, seiner verrenkten Gliedmaßen oder gebrochenen Knochen vorweisen kann, dann wird das Gutachten in sinnfälliger Weise ergänzt und überzeugender. Wichtig ist allerdings, daß diese Photos auf der Rückseite vom Arzt dokumentiert sein müssen mit Angaben des Namens des Verletzten, dessen Geburtstag, dem Datum des Unfalltages und des Datums der Aufnahme des Photos, bestätigt durch Unterschrift und Stempel-Abdruck des Arztes.

Später, wenn die Wunden verheilt sind und nur noch kaum sichtbare Narben zurückgeblieben sind, dann ist das oft schreckliche Ausmaß des Leidens der ersten Zeit nach dem Unfall nicht mehr zu erkennen.

Sollte der Arzt derartige Photos nicht angefertigt haben, wäre es gut, wenn die Angehörigen diese Dokumentation vornehmen würden. Das gleiche gilt auch für Bilder der

Gipsverbände, Streckapparaturen und auf jeden Fall auch für die verbliebenen Dauerschäden, insbesondere Entstellungen. Manchmal sind intime Körperstellen verletzt, so daß der Verletzte sie einem Nichtmediziner nicht zeigen will. Auch hier sind Farbphotographien der Akte beizufügen. Besonders bewährt haben sich dabei Polaroid-Kameras, die innerhalb einer Minute fertige Farbaufnahmen – bei richtiger Technik in hervorragender Qualität – zum sofortigen Mitnehmen ermöglichen. Schwarz-Weiß-Aufnahmen werden sogar schon in 10 Sekunden fertig. Heute haben bereits viele ärztliche Praxen und Krankenhäuser solche Geräte zur Verfügung.

Auch im Verlauf der weiteren Behandlung sollte sich der Verletzte Aufzeichnungen über alles das machen, was er erdulden mußte, denn seine Angaben haben dann Beweiskraft, wenn sie mit den Feststellungen des ärztlichen Gutachtens übereinstimmen, d. h. wenn die Klagen durch die Befunde bewiesen werden können.

Hat der Verletzte nun endlich sein Schmerzensgeld nach langer Zeit erhalten, dann sagen ihm die deutschen Illustrierten, wie gering seine Schmerzen durch die Versicherung oder das Gericht bewertet worden sind. Immer wieder bringen deutsche Zeitungen sensationell aufgemachte Artikel über die riesigen Schmerzensgeldbeträge in den USA, in denen graphische Darstellungen den ungeheueren Unterschied zwischen den Höchstsätzen amerikanischer Entschädigungssummen den angeblich lächerlichen Beträgen für deutsche Verletzte gegenüberstellen.

15. Ist das deutsche Schmerzensgeld tatsächlich so niedrig?

Die Frage muß ganz einfach mit „nein" beantwortet werden.

Eine sachliche Aufklärung erscheint auch im Rahmen dieser Schrift angebracht, da das Anheizen der öffentlichen Meinung mit *falschen* Argumenten der fortschrittlichen Entwicklung des Schmerzensgeldes in Deutschland nur schaden kann. Die letzten Jahre haben in Deutschland einen erheblichen Anstieg der Schmerzensgelder erkennen lassen. Dieser Trend hält an. Sie sind in der tatsächlichen Höhe von den Beträgen, die der amerikanische Verletzte erhält, nicht mehr sehr weit entfernt. Zweifellos ist eine höhere Bewertung in Deutschland weiterhin anzustreben. Die hohen Entschädigungssummen in den USA, wie sie in der deutschen Presse angegeben werden, sind jedoch keine echten Schmerzensgelder, wie unten im einzelnen dargelegt werden soll. Der deutsche Geschädigte, der solche Gegenüberstellungen liest, wird Anwälte, Versicherungen und Gerichte beschimpfen und sich in der Bewertung seiner Leiden ungerecht behandelt fühlen. Das aber ist nur teilweise berechtigt. Die Beträge, die von deutschen Illustrierten als USA-Schmerzensgeldbeträge angegeben werden, sind nämlich zusammengesetzt aus *allen* Geldleistungen, die der Verletzte erhalten hat:

1. Verdienstausfall, der in den USA in der Regel erheblich ist,
2. Arzt- und Krankenhauskosten, die in den USA ganz ungewöhnlich hoch liegen und fast immer von den Verletzten selbst getragen werden müssen (ein Krankenkassensystem wie in Deutschland wird in den USA erst seit kurzem eingeführt),
3. Medikamente, Prothesen, Kuren, Pflegekosten für Hilfspersonen,

4. Anwaltskosten, die bis zu 80 % des Gesamtbetrages ausmachen können! In den USA haben die Rechtsanwälte das Recht, sogenannte Erfolgshonorare zu verlangen, was in Deutschland gesetzlich verboten ist.
   Und erst dann kommt das
5. Schmerzensgeld.

Das Schmerzensgeld darf in den USA nicht gesondert genannt werden, es kommt immer eine sogenannte Globalentschädigung zur Auszahlung, so daß alle oben angeführten Beträge in den von den Illustrierten angegebenen Monster-Summen enthalten sind, – das aber verschweigen die Autoren derartiger unseriöser Artikel – oder weisen im Text nur ganz nebenbei in Kleindruck daraufhin, als ob diese Tatsache ohne wesentliche Bedeutung sei.

Diese Situation soll an einem konkreten Beispiel dargestellt werden:

Eine deutsche Illustrierte schrieb Anfang 1971 in einer bildlichen Darstellung, daß in den USA für den Verlust einer Hand 300 000,– DM und in Deutschland nur 15 000,– DM an Schmerzensgeld gezahlt worden seien.

Bei dieser Gegenüberstellung ist der erste Fehler darin zu sehen, daß der Dollar in den USA nicht die Kaufkraft von 4 deutschen Mark hat, sondern bestenfalls von 2 DM. Demnach müßte in der Illustrierten-Darstellung der US-Betrag auf die Hälfte herabgesetzt werden:
die Vergleichssumme wäre dann nicht mehr 300 000,– DM in den USA, sondern nur noch 150 000,– DM gegenüber 15 000,– DM in Deutschland.

Setzen wir als Erfolgshonorar des amerikanischen Anwalts den mäßigen Satz von 50 % ein, dann bleibt an Entschädigung für den Verletzten in den USA nur noch ein Betrag von

DM 75 000,–

übrig. Aber auch dieser Betrag ist noch nicht das Schmerzensgeld, das der Geschädigte erhält, denn hiervon wird der Verdienstverlust, der zu den materiellen Schäden gehört, abgezogen, der bei einem Armverlust mit 30 000,– DM nicht zu hoch angesetzt ist, so daß ein Betrag von

DM 40 000,–

übrig bleibt, von dem wiederum ein letzter Betrag abgesetzt werden muß, nämlich die erheblichen Arzt- und Krankenhauskosten, die bei den Preisen drüben und der schweren Verletzung mit DM 15 000,– nicht zu hoch beziffert sind, besonders wenn man bedenkt, daß eventuelle Sachschäden (Autoschäden, Kleiderverluste usw.) noch nicht berücksichtigt wurden.

So bleibt von dem durch die Illustrierte als Schmerzensgeld bezeichneten Betrag in Höhe von 300 000,– DM ein tatsächlicher Schmerzensgeldbetrag von etwa

DM 25 000,– in den USA

übrig, der sich dem in Deutschland gezahlten tatsächlichen Schmerzensgeld von

DM 15 000,–

gegenüber gar nicht mehr so sehr viel größer ausnimmt, wenn er auch noch immer wesentlich höher ist.

Berechnungen auf Grund der Schmerzensgeldurteile der letzten 3 Jahre haben ergeben, daß in Deutschland das Schmerzensgeld durchschnittlich um 70 % angestiegen ist. Auch für die nähere Zukunft ist ein weiteres Ansteigen zu erwarten. Die in der Illustrierten-Presse angegebenen deutschen Schmerzensgelder sind tatsächlich reine Schmerzensgelder, zu denen weitere Entschädigungen für den materiellen Schaden (Verdienstausfall, Sachbeschädigung, Verluste, Heilkosten, Anwaltskosten u. v. a.) hinzukommen, insbesondere auch Rentenzahlungen für Erwerbsminderung und Schmerzensgeldrenten.

Der Verletzte sollte sich durch die unsachlichen, irreführenden und nicht selten unwahren Darstellungen, die gelegentlich aus Sensationsmache gegeben werden, nicht täuschen lassen. Die Bewertung und Entschädigung von Schmerzen ist ein schwieriges Gebiet und muß weiter sachlich ausgebaut werden – unsachliche Darstellungen können hier nur Verwirrung und damit Schaden stiften.

16. Die Berechnung des Schmerzensgeldes

erfolgt im Anschluß an die Feststellung der Prozentsätze der Minderung der Lebensfreude durch das ärztliche Gutachten. Dazu muß bekannt sein, welchen „Wert" 1 % LM für einen Tag hat.

Die Umrechnungstabelle für 1971 hat einen Durchschnittswert der neuesten Urteile von

DM –,85 für 1 % LM pro Tag

ergeben.

Das erscheint auf den ersten Blick außerordentlich wenig. Ausgehend von diesem Richtsatz würde sich jedoch bei einer

LM von 100 % für ein Jahr der Betrag von DM 30 600,–

errechnen, für einen Monat 2500,– DM, eine Woche 595,– DM und einen Tag 85,– DM.

Eine 10 %ige LM ergibt demnach von diesen Beträgen den zehnten Teil: 1 Tag 8,50 DM, eine Woche 59,50 DM, 1 Monat 255,– DM und ein Jahr 3066,– DM.

Alle anderen Werte dazwischen sind leicht linear zu errechnen oder aus einer Tabelle (siehe Seite 50) abzulesen.

Wenn ein Dauerschaden zurückbleibt, kommen bei einer Rentenzahlung niedrigere Sätze zur Anwendung und zwar nicht ganz $^1/_3$ der vorstehenden Sätze und zwar zur Zeit

(1971) *für 1 %-LM-Dauerschaden je Tag DM –,25.*

Diese geringere Bewertung erscheint zunächst ungerecht, aber die meist sehr langen (lebenslänglichen!) Laufzeiten der Rente und der Fortfall der akuten Schmerzen bei gleichzeitiger Gewöhnung und Anpassung an den Zustand lassen eine solche geringere Bewertung verständlich erscheinen – die Gerichte jedenfalls sind in der Zuerkennung von Schmerzensgeldrenten sehr vorsichtig. Nach diesen

Entscheidungen muß sich eine fundierte Umrechnungstabelle richten, wenn sie entscheidungsübliche Beträge ergeben soll, die auch von Gerichten und Versicherungen akzeptiert werden können.

Nach dieser Umrechnungsquote beträgt eine Rente von 100 % LM in einem Jahr 9 000,– DM und in einem Monat 750,– DM, bei einer Dauer-MdL von 10 %

im Monat DM 75,–
im Jahr DM 900,–,

die Zwischenwerte sind auch hier leicht linear zu ermitteln oder aus der Tabelle auf Seite 50 abzulesen.

Der Verletzte muß wissen, daß diese Beträge nicht offiziell festgelegt sind, sondern aus den Gerichtsurteilen der letzten Zeit als Durchschnittswerte abgeleitet wurden. Mit ihrer Hilfe kann man die ungefähre Größenordnung erfahren, in der sich der betreffende Schadensfall bezüglich des Schmerzensgeldes einzuordnen hat. Die Gerichte sind keineswegs an diese Mittelwerte gebunden. Die Versicherungen dürften aber auf Grund derart errechneter Schmerzensgeldforderungen eher zu einem Vergleich bereit sein als bei einer Forderung mit Phantasie-Summen. Auf diese Weise können weitere Schmerzensgeldprozesse vermieden werden.

Viele Verletzte wollen an Stelle der Schmerzensgeldrente eine *Kapitalabfindung* haben. Sie möchten zur Verwirklichung eines größeren Vorhabens – etwa Hausbau, Einrichten eines Geschäfts o. ä. – eine größere Geldsumme zur Verfügung haben. Die Kapitalisierung einer Rente – auch der Schmerzensgeldrente – erfolgt nach den statistischen Sterbetabellen, da die vermutliche Laufzeit einer Rente von dem durchschnittlichen Lebensalter des Geschädigten bestimmt wird. Diese Tabelle enthält hinter jedem Lebensalter eine Zahl, den Kapitalisierungsfaktor. Multipliziert man die Jahresrentensumme mit diesem Faktor, dann erhält man das Kapital, das bei der Höhe der Rente und dem Lebensalter des Geschädigten angemessen ist. Berücksichtigt wird dabei eine Verzinsung von 5 %. Diese

Tabelle befindet sich auf den Seiten 48/49 dieses Buches. Sie wird getrennt aufgeführt für Männer und Frauen, da die durchschnittliche Lebenserwartung der Geschlechter unterschiedlich ist.

Zur *Veranschaulichung der Kapitalisierung einer Rente* dient uns unser Beispielsfall von *Ewald K.*, der eine Rente von 10 % LM erhielt und diese kapitalisierte: *Ewald K.* war zu diesem Zeitpunkt 39 Jahre alt und hatte demnach noch statistisch etwa 31 Jahre zu leben.

Seine Schmerzensgeldrente betrug jährlich DM 900,–, d. h. in 31 Jahren 27 900,– DM.

Da er das Geld aber sofort haben wollte, bekam er wesentlich weniger, nämlich

900,– DM Jahresrente
× 16,126 = 14 510,70 DM

Ein Verletzter mit einer MdL von 100 % Dauerrente würde demnach im gleichen Alter (39 J.) immerhin auf diese Weise einen Betrag von

DM 145 107,–

erhalten, jedoch statt insgesamt 270 000,– DM bei Rentenzahlung.

17. Kapitalisierungstabellen

(Jahresrente mit dem zugehörigen Faktor multiplizieren)

Allgemeine Deutsche Sterbetafel für Männer 1949/1951

(bei einem Zinssatz von 5 %)

Eintrittsalter	Kapitalisierungsfaktor	Eintrittsalter	Kapitalisierungsfaktor
0	18,604	33	17,127
1	19,701	34	16,976
2	19,718	35	16,819
3	19,702	36	16,656
4	19,676	37	16,486
5	19,639	38	16,310
6	19,595	39	16,126
7	19,545	40	15,935
8	19,490	41	15,737
9	19,430	42	15,532
10	19,366	43	15,320
11	19,298	44	15,102
12	19,226	45	14,877
13	19,151	46	14,647
14	19,074	47	14,411
15	18,994	48	14,172
16	18,913	49	13,928
17	18,831	50	13,680
18	18,748	51	13,429
19	18,665	52	13,172
20	18,580	53	12,910
21	18,494	54	12,643
22	18,405	55	12,371
23	18,313	56	12,094
24	18,218	57	11,811
25	18,118	58	11,523
26	18,015	59	11,230
27	17,906	60	10,932
28	17,791	61	10,629
29	17,670	62	10,323
30	17,543	63	10,013
31	17,410	64	9,700
32	17,217	65	9,384

Allgemeine Deutsche Sterbetafel für Frauen 1949/1951
(bei einem Zinssatz von 5 %)

Eintritts-alter	Kapitalisierungs-faktor	Eintritts-alter	Kapitalisierungs-faktor
0	19,045	33	17,622
1	19,925	34	17,485
2	19,943	35	17,342
3	19,933	36	17,194
4	19,913	37	17,039
5	19,884	38	16,878
6	19,847	39	16,710
7	19,806	40	16,535
8	19,759	41	16,354
9	19,708	42	16,166
10	19,654	43	15,971
11	19,596	44	15,769
12	19,534	45	15,560
13	19,470	46	15,345
14	19,404	47	15,122
15	19,336	48	14,893
16	19,266	49	14,655
17	19,194	50	14,411
18	19,120	51	14,159
19	19,044	52	13,899
20	18,967	53	13,632
21	18,887	54	13,356
22	18,804	55	13,071
23	18,718	56	12,779
24	18,628	57	12,479
25	18,534	58	12,171
26	18,436	59	11,856
27	18,333	60	11,534
28	18,226	61	11,205
29	18,114	62	10,872
30	17,999	63	10,534
31	17,878	64	10,193
32	17,752	65	9,848

18. Umrechnungstabelle der Lebensminderungsprozente (LM %)

in DM-Beträge

LM-%	1 Tag	1 Woche	1 Monat (30 Tage)	1 Jahr (360 Tage)
10	8,50	59,50	255,–	3 060,–
20	17,–	119,–	510,–	6 120,–
30	25,50	178,50	765,–	9 180,–
40	34,–	238,–	1020,–	12 240,–
50	42,50	297,50	1275,–	15 300,–
60	51,–	357,–	1530,–	19 360,–
70	59,50	416,50	1785,–	21 420,–
80	68,–	476,–	2040,–	24 480,–
90	76,50	535,50	2295,–	27 540,–
100	85,–	595,–	2550,–	30 600,–

19. Umrechnungstabelle der Lebensminderungsprozente (LM %) bei Schmerzensgeldrenten

in DM-Beträge

LM-%	1 Monat	1 Jahr
10	75,–	900,–
20	150,–	1800,–
30	225,–	2700,–
40	300,–	3600,–
50	375,–	4500,–
60	450,–	5400,–
70	525,–	6300,–
80	600,–	7200,–
90	675,–	8100,–
100	750,–	9000,–

20. Fallsammlung gerichtlicher Schmerzensgelder

(Ausgewählte Zusammenstellung überschaubarer Verletzungsfälle die durch Gerichtsurteil ein Schmerzensgeld erhalten haben – Entnommen der 8. Auflage der Schrift *„Schmerzensgeldbeträge"* von *Susanne Hacks,* ADAC-Verlag, München, 1970)

Die unten aufgeführten Fälle sollen lediglich einen Einblick in die derzeitige Rechtsprechung geben. Es wurden Fälle ausgesucht, die durch keine besonderen Komplikationen medizinischer Art oder juristische Zusatzfaktoren belastet sind, die nicht aus dieser Kurzdarstellung ersichtlich wären. Nähere Einzelheiten zu diesen und anderen Fällen sind aus der systematisch idealen Tabelle der oben angegebenen „Schmerzensgeldbeträge" zu entnehmen. Zur besseren Auffindung der hier wiedergegebenen Urteile ist in Klammern die laufende Nummer des Buches von *Hacks* angegeben.

Lfd. Nr.	Verletzung	Schmerzensgeld DM	(Lfd. Nr. HACKS)
1.	Handprellung	50,–	(1)
2.	Platzwunde Nasenrücken	100,–	(7)
3.	Schädelprellung und Schürfung	300,–	(35)
4.	Rippenbruch	500,–	(67)
5.	2 tiefe Hundebisse Arm	500,–	(72)
6.	Prellung Rippenbogen	600,–	(82)
7.	Kniescheibenbruch	750,–	(91)
8.	Hundebiß Wade	800,–	(104)
9.	Abbruch 2 Schneidezähne bei 9jährigem Mädchen	1 000,–	(114)
10.	Gehirnerschütterung	1 200,–	(143)

Lfd. Nr.	Verletzung	Schmerzens-geld DM	(Lfd. Nr. HACKS)
11.	Gehirnerschütterung Prellung und Schürfung	1 500,–	(163)
12.	Halswirbelsäulenstauchung	1 500,–	(178)
13.	Stauchungsbruch Oberarm	1 500,–	(187)
14.	Leichte Gehirnerschütterung	2 000,–	(211)
15.	Unterschenkelbruch	2 500,–	(244)
16.	Hundebiß Unterschenkel Narben, 9jährigem Mädchen	3 000,–	(275)
17.	Verbrennung 2. Grades beider Füße	3 000,–	(280)
18.	Verbrennung 2. bis 3. Grades beider Füße	4 000,–	(323)
19.	Platzwunden Gesicht mit erheblich entstellenden Narben bei 39jähriger Frau	6 000,–	(377)
20.	Bruch 1. und 3. Lendenwirbel	6 000,–	(385)
21.	Leichte Hirnquetschung	7 000,–	(405)
22.	Erblindung linkes Auge 8jähriger Junge	10 000,–	(453)
23.	Verlust rechtes Auge, 19jähriger Junge	10 000,–	(455)
24.	Ein Auge nahezu erblindet, 4½jähriger Junge	12 000,–	(477)
25.	Verlust linker Arm im Oberarm, 67jährige Frau	12 000,–	(481)
26.	Verlust ein Auge 23jähriger Mann	15 000,–	(501)
27.	Sehverlust 1 Auge	2 500,– + 30,– Monats-Rente	(580)
28.	Oberschenkelamputation 23jähriger Mann	15 000,–	(517)

Lfd. Nr.	Verletzung	Schmerzensgeld DM	(Lfd. Nr. HACKS)
29.	Unterschenkelamputation nach mehrfachen Operationen, Dauerschaden noch nicht festgestellt	24 000,–	(548)
30.	Verrenkungsbruch 6. Halswirbelkörper mit Lähmung der Beine und Teillähmung der Arme, 18jähriges Mädchen	50 000,–	(571)
31.	Querschnittslähmung und Gehirnerschütterung mit Nierenquetschung	100 000,–	(578)
32.	Querschnittslähmung	120 000,–	(578)
33.	Unterschenkelamputation 13jähriger Junge	4 000,– + 40,– Rente	(583)
34.	Oberschenkelamputation 17jähriger Junge	10 000,– + 40,– Rente	(592)
35.	Schwere Verbrennungen 2. bis 3. Grades, Gesicht, Hände, Füße, 40 Operationen	30 000,– u. 100,– Rente	(606)
36.	2 Brustwirbel gebrochen, Querschnittslähmung, Schädelbasisbruch, schwere Gehirnerschütterung, 13jähriges Mädchen	50 000,– u. 200,– Rente	(611)

Lfd. Nr.	Verletzung	Schmerzens-geld DM	(Lfd. Nr. HACKS)

Es folgt noch ein besonders komplizierter Fall, der auch eine hohe Rente erhält:

37.	Gehirnerschütterung Große Stirnwunde Schwere Nasenverletzung Oberkieferbruch Schlüsselbeinbruch 2 Rippenbrüche Mittelfingerbruch Hüftgelenksbruch mit Teilverrenkung Knieprellung 11 Operationen Gesichtsentstellung Seh- und Hörminderung Gelenksveränderungen Hüftgelenk Beinverkürzung um 4,5 cm Krückengang Ständige Schmerzen	**Schmerzensgeld** 50 000,– DM **Schmerzensgeldrente** monatlich 600,– DM	(HACKS-FALL Nr. 612)

Sachregister

Notizen

Notizen

Notizen

CARL BRUNO BLOEMERTZ

Die Schmerzensgeldbegutachtung

Leitfaden für Ärzte, Juristen und Versicherungsfachleute

3., neubearbeitete und erweiterte Auflage

Oktav. X, 188 Seiten. 1971. Ganzleinen DM 36,–

Die Tatsache, daß die Neuauflage dieses Buches in einem noch kürzeren Zeitintervall als die vorangegangene erforderlich wurde, läßt das besondere Interesse der Öffentlichkeit am Schmerzensgeldanspruch allgemein und der Schmerzensgeldbeduachtung im besonderen erkennen. Das liegt sicherlich an der zunehmenden Höherbewertung auch dieses Rechtsanspruches. Wie die Urteile der beiden letzten Jahre erkennen lassen, ist die Höhe der zugesprochenen Schmerzensgeldbeträge stark angestiegen. Eigene Untersuchungen ergaben eine Durchschnittserhöhung von 70 % seit der letzten Auflage dieses Buches im Jahre 1968. In einer umfangreichen Korrespondenz mit zahlreichen Fachleuten seines Gebietes hat sich der Autor ein umfassendes Bild der jetzigen Schmerzensgeld-Situation gemacht. Die Kapitel wurden entsprechend umgearbeitet und ergänzt. Insbesondere wurde die Umrechnungstabelle der LM-Prozentsätze in DM-Beträge auf den neuesten Stand gebracht und eine Transpositionstabelle für Schmerzensgeldrenten neu eingefügt. Neu aufgenommen wurden die Kapitel über Israel und Ägypten.
Der Teil „Deutschland" wurde unterteilt in a) Bundesrepublik und b) Deutsche Demokratische Republik, da sich unterschiedliche Rechtsauffassungen ergaben.

Kolibri 360 GmbH
Ferdinand-Jühlke-Straße 7
99095 Erfurt, Deutschland
produktsicherheit@kolibri360.de